Este Libro

PERTENECE A

....

....

....

Be Creative

UNA PÁGINA EN BLANCO DETRÁS DE CADA IMAGEN ES PARA AYUDAR A EVITAR QUE LOS BOLÍGRAFOS SE TRASLADEN. LAS PÁGINAS EN BLANCO SON IDEALES PARA RECREAR LAS IMÁGENES O SIMPLEMENTE PARA DEJAR VOLAR LA IMAGINACIÓN.

Be Creative

Be Creative

Be Creative

Be Creative

Be Creative

Be Creative

Be Creative

Be Creative

Be Creative

Be Creative

Be Creative

Be Creative

Be Creative

Be Creative

Be Creative

Be Creative

Be Creative

Be Creative

Be Creative

Be Creative

Be Creative

Be Creative

Be Creative

Be Creative

Be Creative

Be Creative

Be Creative

Be Creative

Be Creative

Be Creative

Be Creative

Be Creative

Be Creative

Be Creative

Be Creative

Be Creative

Be Creative

Be Creative

Be Creative

Be Creative

Have you seen our other Coloring Pages?

GO TO OUR AUTHOR PAGE - KEEP SMILING

© Keep Smiling

ALL RIGHTS RESERVED